Hinführungen
zu den Lesungen

Bisher erschienen in der Reihe
„Neues für den Gottesdienst“:

Osternacht

Kollektengebete

Abendmahl und Beichte

Karwoche

Fröhlicher Vogel Hoffnung

Adventszeit

Fürbitten

Hinführungen zu den Lesungen

Werner Reich u. a.

Hinführungen zu den Lesungen

LVH

Herausgegeben von der Liturgischen
Konferenz Niedersachsens
in Verbindung mit der Arbeitsstelle für Gottesdienst
und Kirchenmusik Hannover

Die Deutsche Bibliothek – CIP-Einheitsaufnahme

Hinführungen zu den Lesungen [hrsg. von der Liturgischen
Konferenz Niedersachsens in Verbindung
mit der Arbeitsstelle für Gottesdienst
und Kirchenmusik Hannover].
Werner Reich u. a. – Hannover:
Luth. Verl.-Haus, 1997 (Neues für den Gottesdienst)
ISBN 3-7859-0748-6

2. unveränderte Auflage 1997

Umschlaggestaltung: Leidecker & Schormann, Hannover
Gesamtherstellung: Th. Schäfer Druckerei GmbH, Hannover
ISBN 3-7859-0748-6

Vorwort der Herausgeberin

1980 erschien zum ersten Mal in der Reihe „Neue Texte für den Gottesdienst“, herausgegeben im Lutherhaus-Verlag von der Liturgischen Konferenz Niedersachsens, das Heft 5/6 „Präfamina“. Friedrich Duensing und Peter von der Osten-Sacken legten eine Arbeit vor, die seitdem vielen geholfen hat, gottesdienstliche Lesungen zu gestalten. Es war eine verdienstvolle Arbeit, Heft 5/6 hat mehrere Auflagen gehabt und ist nun seit längerem vergriffen.
Die Liturgische Konferenz Niedersachsens hat beschlossen, dieses Heft nicht wieder aufzulegen, sondern ein neues Heft herauszugeben. Es soll vielen Wünschen nach neuen Präfamen, die aus der Praxis der Gemeindearbeit und von vielen Lektorinnen und Lektoren geäußert wurden, entgegenkommen.
Die Autorin und die Autoren des vorliegenden Heftes sind mit der Situation der Gemeinden und ihrer Gottesdienste vertraut. Ilse Wittenborn ist Prädikantin in Hülsede, ihr Mann Heinz-Dieter Wittenborn Pastor ebendort. Thomas Degenhardt ist Pastor in Bremen, Werner Reich ist Pastor in der Arbeitsstelle für Gottesdienst und Kirchenmusik in Hannover. Für kurze Zeit hat Pastor Harald Storz, Diepholz, mitgearbeitet.

Wir hoffen, mit diesem Heft eine gute Praxishilfe vorzulegen.

Für die Liturgische Konferenz Niedersachsens

Joachim Stalmann — Werner Reich

Vorwort der Arbeitsgruppe

1. Warum „Hinführungen zu den Lesungen“ („Präfamina“), und was bezwecken sie?

Viele Lektorinnen und Lektoren, seien es ehrenamtliche Mitarbeiterinnen oder Mitarbeiter, Pastorinnen, Diakone oder andere, stehen immer wieder vor dem Problem, schwerverständliche Lesungen – vor allem in den Epistelreihen – vortragen zu sollen. Sie wissen es eigentlich schon vorher: Nur die wenigsten werden verstehen, was da gelesen wird.
Eine der möglichen Hilfen sind Hinführungen. (Auf die Bezeichnung „Präfamina“ verzichten wir. Sie hat sich nach unserer Erfahrung nicht eingebürgert.) Sie sollen das Verständnis des Gelesenen erleichtern, in manchen Fällen für viele erst ermöglichen.
Das kann auf verschiedene Weise geschehen. Bei vielen Lesungen, sehr oft aus dem Alten Testament, aber auch bei etlichen Episteln, ist es nötig, die geschichtliche Situation zu benennen, in der der Text eine Rolle spielt. Bei anderen Lesungen ist es notwendig, auf eine bestimmte Aussage vorzubereiten, um den Kern des Textes verstehen zu können.
Dabei müssen allerdings solche Hinführungen zwei Gefahren vermeiden: Sie sollen nicht die eigentliche Lesung vorwegnehmen, also selber zur Lesung werden. Darum müssen sie kurz sein. Und sie dürfen nicht das Hören in eine bestimmte, vom Lektor oder der Lektorin vorgegebene Richtung drängen, dürfen also keine Predigtelemente oder gar theologische Festlegungen enthalten.
Hinführungen sollen also den Bibeltext fördern und in seiner eigenen Aussage verstehbar machen. Dabei ist die Situation wichtig: Man kann eben nach einer Lesung im Gottesdienst in der Regel nicht nachfragen: Wie war das gemeint? Was soll das bedeuten?

2. Zum Umgang mit diesem Heft

Die in diesem Heft vorgelegten Hinführungen versuchen, der eben genannten Zielsetzung gerecht zu werden. Im Vergleich zu den Präfamen des alten Heftes in der Reihe „Neue Texte für den Gottesdienst“ sind sie etwas länger. Dies schien uns deshalb nötig zu sein, weil nach unseren Beobachtungen Bibelkenntnis und die Voraussetzungen zum Verstehen biblischer Texte zurückgegangen sind.
Wir haben uns an die Textfassung des Lektionars gehalten. Auch für solche Lesungen, die aus sich heraus verstehbar sind und deshalb eigentlich keine Hinführung brauchen, haben wir eine kurze Einleitung geschrieben.
Daß eine Lektorin oder ein Lektor eine Lesung vorbereiten muß, ist selbstverständlich. Das gilt aber auch für unsere Hinführungen. Sie können und sollten, wenn nötig, bearbeitet, ergänzt oder gekürzt werden.
Wir haben jeder Hinführung eine Überleitung zur eigentlichen Lesung beigegeben. Die Texte beinhalten die nötigen Hinweise auf das biblische Buch und dessen Kapitel. Bei der Lesung des Evangeliums raten wir dazu, auf die Rahmenstücke zu verzichten und stattdessen, wie in der Erneuerten Agende vorgeschlagen, die Antwort im ganzen nach der Lesung erfolgen zu lassen. In der Regel gehen wir davon aus, daß bei den Lesungen aus dem Lektionar die an manchen Texten in Klammern stehenden Verse nicht mitgelesen werden. An einigen Stellen weisen wir noch einmal darauf hin.
Sinnvoll ist es oft, wenn Hinführung und eigentliche Lesung von zwei verschiedenen Sprecherinnen oder Sprechern vorgetragen werden, also z.B. Liturgin/Liturg die Hinführung, Lektorin/Lektor die eigentliche Lesung.

Hannover/Bremen/Hülsede, im Mai 1996

Thomas Degenhardt, Werner Reich, Ilse Wittenborn, Heinz Dieter Wittenborn

1. Sonntag im Advent

AT-Lesung: Jeremia 23, 5–8

Zu Beginn der Adventszeit hören wir die Weissagung des Propheten Jeremia: Gott wird aus der Nachkommenschaft Davids einen Mann berufen, der als König verständig und gerecht regieren wird. Die christlichen Gemeinden erwarten Jesus als diesen König. Wir hören Verse aus dem 23. Kapitel des Jeremiabuches.

Epistel: Römer 13,8–12(13–14)

Zu Beginn der Adventszeit hören wir: Jesus ist zu uns gekommen, damit wir seine Liebe weitergeben und niemandem etwas schuldig bleiben. Davon schreibt Paulus an die Gemeinde in Rom im 13. Kapitel seines Briefes.

Evangelium: Matthäus 21,1–9

Die Menschen erwarten einen König, der verständig und gerecht regiert und aller Not ein Ende macht. Als Jesus auf einem Esel auf die Tore der Stadt Jerusalem zureitet, jubelt die Menge ihm zu: „Hosianna dem Sohn Davids." Auch wir dürfen heute die Tore unserer Herzen öffnen und mitjubeln, weil unser König kommt. Matthäus erzählt uns davon im 21. Kapitel seines Evangeliums.

2. Sonntag im Advent

AT-Lesung: Jesaja 63,15–16(17–19a)19b; 64,1–3

„O Heiland, reiß die Himmel auf, herab, herab vom Himmel lauf!“ So singen wir es in einem unserer Adventslieder. Wir glauben, daß diese Bitte mit Jesus erhört worden ist. In ihm ist Gott auf die Erde gekommen. Was der Prophet Jesaja flehentlich erbeten und prophezeit hat, hat sich erfüllt.
Wir lesen davon im 63. und 64. Kapitel seines Buches.

Epistel: Jakobus 5,7–8

In der frühen christlichen Gemeinde wurde erwartet, daß Christus bald wiederkommt.
Im 5. Kapitel des Jakobusbriefes wird zur Geduld aufgerufen.

Evangelium: Lukas 21,25–33

Lukas berichtet: Auch Jesus selbst hat davon gesprochen, daß er bald wiederkommen wird. Als Vorzeichen seiner Wiederkunft werden Zeichen an Sonne, Mond und Sternen geschehen, und auf der Erde wird alles ins Wanken geraten. Wenn dies geschieht, so wird uns gesagt, steht unsere Erlösung bevor.
Davon schreibt Lukas im 21. Kapitel seines Evangeliums.

3. Sonntag im Advent

AT-Lesung: Jesaja 40,1–8 (9–11)

Im babylonischen Exil hört der Prophet eine himmlische Stimme, die sagt: Die Gefangenschaft des Volkes ist zu Ende. Es soll eine Straße durch die Wüste gebaut werden, auf der Gott mit seinem Volk nach Jerusalem zurückkehren wird. Der Prophet erhält den Auftrag, Gottes Wort zu bezeugen, das für immer in Kraft bleiben wird.
Wir hören davon im 40. Kapitel des Jesajabuches.

Epistel: 1. Korinther 4,1–5

Die Gemeinde in Korinth ist in verschiedene Gruppen gespalten. Paulus kritisiert das. Er sagt: Alle sind Diener Gottes. Keiner darf über andere urteilen. Das ist allein Gottes Sache.
Wir hören davon im 4. Kapitel des 1. Korintherbriefes.

Evangelium: Matthäus 11,2–6 (7–10)

„Bist du der Heiland, der kommen soll?“ wird Jesus von den Freunden des Johannes gefragt.
Seine Antwort darauf lesen wir im 11. Kapitel des Matthäusevangeliums.

4. Sonntag im Advent

AT-Lesung: Jesaja 52,7–10

Gott stellt dem Propheten Jesaja eine Welt vor Augen, die noch nicht zu sehen ist. Und er ist sicher: So wird es werden.
Wenn wir dem vertrauen, was uns Jesaja sagt, dann dürfen wir hoffen und uns von seiner Vorfreude anstecken lassen.
Wir hören, wie der Prophet den Frieden Gottes in einem Bild vorausgesehen hat. Es ist im 2. Kapitel aufgeschrieben.

Epistel: Philipper 4,4–7

Gott ist uns nahe mit seinem Frieden und seiner Freude. Davon hören wir im 4. Kapitel des Philipperbriefes.

Evangelium: Lukas 1, (39–45) 46–55 (56)

Maria, eine bis dahin unbekannte junge Frau aus der Provinz, wird den zur Welt bringen, auf den die Menschen seit Abrahams Zeiten warten. Mit ihm kommen Gottes Barmherzigkeit und Gerechtigkeit in die Welt.
Im Abendgebet der Christenheit wird Marias Lied bis heute gesungen.
Wir hören den Lobgesang der Maria, das sogenannte Magnificat, wie es Lukas im 1. Kapitel seines Evangeliums übermittelt.

Christvesper

AT-Lesung: Jesaja 9,1–6

Der Prophet Jesaja kündigt die Geburt eines Königs an, der alle Hoffnungen des Volkes erfüllen soll. Die christliche Gemeinde erkennt in der Verkündigung des Propheten einen Hinweis auf Jesus Christus.
Im 9. Kapitel verheißt er:

Weissagungen

Wir hören Weissagungen aus dem Alten Testament, in denen für Christen Hinweise auf Jesus Christus anklingen.

Epistel: Titus 2,11–14

Wir feiern die Geburt des Heilands. Er wird uns von allem erlösen, was uns von Gott trennt.
Davon hören wir im Titusbrief im 2. Kapitel.

Evangelium: Lukas 2,1–20

Von der Geburt des Heilands erzählt Lukas im 2. Kapitel seines Evangeliums.

In der Christnacht

AT-Lesung: Jesaja 7,10–14

Die alttestamentliche Lesung führt uns weit in die Geschichte des Volkes Israel zurück. Im achten Jahrhundert vor der Geburt von Jesus Christus wurde das Königreich Juda gleich von zwei Völkern bedroht. Ahas, der König, hatte allen Mut verloren. Da sendet Gott den Propheten Jesaja zu ihm: Ahas solle nicht an Gottes Treue zweifeln. Er könne ein Zeichen von Gott als Beweis für dessen Beistand fordern. Doch Ahas zögert. Und so kündigt Jesaja an: Gott selbst wird ein Zeichen für seine Treue geben. Ein Kind wird von einer Jungfrau geboren, das „Immanuel“ heißen soll, auf deutsch „Gott mit uns“. Achthundert Jahre später nimmt der Evangelist Matthäus diese Weissagung auf. Auch uns hat Gott ein Kind als Zeichen der Hoffnung geschenkt. Seine Geburt wollen wir heute und in den nächsten Tagen feiern.
Hören wir die alttestamentliche Lesung aus dem Propheten Jesaja im 7. Kapitel.

Epistel: Römer 1,1–7

Wir haben das Kind in der Krippe vor Augen. In einem Brief an die Christinnen und Christen in Rom beschreibt Paulus dessen Lebensweg: Jesus Christus ist der Sohn Gottes, als Mensch geboren, auferstanden von den Toten, der Heiland für alle Menschen.
Wir hören die ersten Verse aus dem Brief des Paulus an die Gemeinde in Rom.

Evangelium: Matthäus 1,(1–17)18–21(22–25)*

Das war ein großes Problem für Josef. Er war verlobt mit Maria, die Ehe hatte noch nicht begonnen, und doch war Maria schwanger. Was sollte er tun? Sie verklagen und in große Schande bringen? Das bringt er nicht fertig. Er beschließt, Maria heimlich zu verlassen. Doch Gott weiß das zu verhindern und erklärt ihm durch einen Engel, was geschehen ist.
Das Evangelium in dieser Christnacht steht im 1. Kapitel des Matthäusevangeliums.

* Wir empfehlen, nur die Verse 18–25 des Evangeliums zu lesen.

Am ersten Weihnachtstag – Christfest I

AT-Lesung: Micha 5,1–4a

Der Prophet Micha sagt die Geburt des Retters voraus. Er kommt in dem kleinen unbedeutenden Ort Bethlehem zur Welt. Mit ihm beginnt eine neue Zeit, in der Frieden und Sicherheit herrschen werden.
Die christlichen Gemeinden haben diese prophetischen Worte auf Jesus Christus bezogen.
Wir hören die alttestamentliche Lesung aus dem 5. Kapitel des Propheten Micha.

Epistel: Titus 3,4–7

In Jesus Christus, dem Heiland, zeigt Gott uns seine Liebe, mit der er alle Menschen ohne Vorbedingungen annimmt. Und in der Taufe schenkt er uns seinen heiligen Geist, der unser Leben neu macht.
Wir hören davon im 3. Kapitel des Titusbriefes.

Evangelium: Lukas 2, (1–14) 15–20

Die Hirten sind die ersten, die das neugeborene Kind im Stall besuchen und anderen Menschen von seiner Geburt erzählen.
Wir hören davon im 2. Kapitel des Lukasevangeliums.

Am ersten oder zweiten Weihnachtstag – Christfest II

AT-Lesung: Jesaja 11,1–9

„Es ist ein Ros entsprungen aus einer Wurzel zart." Mit der Rose ist ein Reisig gemeint, ein dünner Zweig am Stammbaum. Dieser Zweig ist Jesus, glauben wir Christen. Mit ihm hat etwas begonnen, was aller menschlichen Erfahrung widerspricht.
Jesaja schreibt davon im 11. Kapitel.

Epistel: Hebräer 1,1–3(4–6)

In Jesus begegnet uns Gott selber.
So steht es im Hebräerbrief im 1. Kapitel.

Evangelium: Johannes 1,1–5 (6–8) 9–14

Gott, der Schöpfer der Welt, ist Mensch geworden. Er hat in Jesus unter den Menschen gewohnt. Er wollte ihnen Licht und Leben schenken.
In dichterischer Sprache beginnt Johannes sein Evangelium.

1. Sonntag nach dem Christfest

AT-Lesung: Jesaja 49,13–16

Israel lebt in der Verbannung, allein gelassen. Traurig und verzweifelt sind die Menschen. Da sendet Gott den Propheten Jesaja. Er richtet Gottes Botschaft aus: Unwahrscheinlich ist es, daß eine Mutter ihr Kind vergißt. Meine Treue ist noch größer. Ich werde dich niemals vergessen.
Hören wir von Gottes Treue aus dem Kapitel 49 des Propheten Jesaja.

Epistel: 1. Johannes 1,1–4

Der Verfasser des 1. Johannesbriefes will seine Erfahrungen mit Jesus Christus weitergeben.
Mit den folgenden Worten beginnt er sein Schreiben.

Evangelium: Lukas 2,(22–24) 25–38 (39–40)

Ihr Leben lang haben Simeon und die Prophetin Hanna auf den Messias gewartet. Nun bringen Maria und Josef ihr Kind in den Tempel. Simeon und Hanna erkennen in Jesus den Heiland, der sie und die Welt erlösen wird.
Wir hören Verse aus dem 2. Kapitel des Lukasevangeliums.

Altjahrsabend

AT-Lesung: Jesaja 30, (8–14) 15–17

Heute, am letzten Tag des Jahres, hören wir, wie Gott durch den Propheten Jesaja seinem Volk Israel mit drastischen Worten Unheil ankündigt. Es wollte nur das Angenehme hören und nicht, was Gott von ihm forderte. Für uns heute gilt, daß wir ruhig und ohne uns etwas vorzumachen, zurückblicken und so Kraft und Hoffnung für das neue Jahr gewinnen.

Epistel: Römer 8, 31b–39

Was immer im zu Ende gehenden Jahr geschehen ist, was immer auf uns zukommen wird: Es gibt nichts, was uns von Gott trennen kann.
Das sagt uns Paulus im Brief an die Römer im 8. Kapitel.

Evangelium: Lukas 12,35–40

„Der Menschensohn kommt zu einer Stunde, da ihr´s nicht meint.“ hören wir heute in der Lesung aus dem Evangelium. Lukas fordert uns auf, immer und zu jeder Zeit mit dem Kommen von Jesus zu rechnen.
Wir hören Verse aus dem 12. Kapitel des Lukasevangeliums.

Neujahrstag

AT-Lesung: Josua 1,1–9

Vor den Israeliten lag das Land, das Gott ihnen versprochen hatte. Ihr Anführer Josua hat Angst vor dem Neuen, das auf ihn zukommt. Doch Gott spricht ihm Mut zu. Mit Gottes Geboten als Wegweiser wird alles gut gehen.
So steht es im Buch Josua im 1. Kapitel.

Epistel: Jakobus 4,13–15

Viele von uns haben sicher schon für das neue Jahr geplant.
Hören wir, was im 4. Kapitel des Jakobusbriefes dazu gesagt wird.

Evangelium: Lukas 4,16–21

Immer wieder hoffen Menschen darauf, daß einer kommt, mit dem alles gut wird. Auch bei den Propheten des Alten Testaments wird davon gesprochen. Jesus sagt von sich: „In mir sind all diese Hoffnungen und Prophezeiungen erfüllt."
Davon hören wir im Evangelium des Lukas im 4. Kapitel.

2. Sonntag nach dem Christfest

AT-Lesung: Jesaja 61,1–3 (4.9) 11.10

Der Prophet Jesaja spricht über seinen Auftrag und den Trost, den er Menschen verkünden soll. Alle, die seine Worte hören, haben Grund zur Freude.
Die alttestamentliche Lesung steht bei Jesaja im 61. Kapitel.

Epistel: 1. Johannes 5,11–13

Gott schenkt uns das ewige Leben durch seinen Sohn Jesus Christus. Wer das glaubt, der hat das ewige Leben.
Das sagt uns der Verfasser des 1. Johannesbriefes im 5. Kapitel.

Evangelium: Lukas 2,41–52

Schon früh im Leben von Jesus zeigt sich sein besonderer Auftrag.
Aus dem 2. Kapitel des Lukasevangeliums hören wir, was geschah, als er zwölf Jahre alt war.

Fest der Erscheinung des Herrn – Epiphanias

AT-Lesung: Jesaja 60,1–6

Als ein strahlender Lichtglanz wird Gottes Majestät, seine Herrlichkeit, den Menschen in der ganzen Welt erscheinen. Alle Völker der Erde werden zu dem Gott Israels kommen.
Wir hören diese Prophezeiung bei Jesaja im 60. Kapitel.

Epistel: Epheser 3,2–3a. 5–6

Nicht nur das Volk Israel erbt Gottes Verheißung, sondern auch die, die sich zu Christus bekennen. Das hat Gott selber seinen Beauftragten deutlich gemacht.
Im Brief an die Epheser im 3. Kapitel wird das denen weitergegeben, die als Nichtjuden an Jesus glauben.

Evangelium: Matthäus 2,1–12

Die Geschichte von den Weisen aus dem Morgenland führt uns ganz bildhaft vor Augen: Von Beginn seines Lebens an ist Jesus für alle Menschen, für alle Völker der versprochene Heiland.
Das Evangelium steht bei Matthäus im 2. Kapitel.

1. Sonntag nach Epiphanias

AT-Lesung: Jesaja 42,1–4 (5–9)

Eines Tages wird einer kommen, der Gottes Recht und seine Barmherzigkeit in die Welt bringt. So sagt es der Prophet Jesaja voraus. Dieser Mensch wird „Knecht Gottes“ genannt werden.
Wir lesen davon im 42. Kapitel des Jesajabuches.

Epistel: Römer 12,1–3 (4–8)

Menschen dienen Gott auf sehr unterschiedliche Weise mit den Gaben, die ihnen von Gott gegeben sind. Entscheidend ist dabei, daß sie sich mit Leib und Seele unter Gottes Willen stellen und daß niemand sich selbst höher einschätzt als die anderen.
Wir hören Verse aus dem 12. Kapitel des Römerbriefes.

Evangelium: Matthäus 3,13–17

Mit seiner Taufe wird Jesus als Sohn Gottes öffentlich bekanntgemacht.
Davon hören wir bei Matthäus im 3. Kapitel seines Evangeliums.

2. Sonntag nach Epiphanias

AT-Lesung: 2. Mose 33,17b–23

Niemand kann Gott sehen. Auch in unsere Vorstellungen von gut und böse, von gerecht und ungerecht paßt er nicht. Aber wer offen ist für seine Nähe, der merkt oft im nachhinein: Hier bin ich Gott begegnet.
Von einer solchen Erfahrung spricht die heutige alttestamentliche Lesung aus dem 2. Buch Mose im 33. Kapitel.

Epistel: Römer 12,(4–8) 9–16

Eine Liste von vorbildlichen Verhaltensweisen enthält die heutige Epistel. Hören wir, was uns im Römerbrief im 12. Kapitel ans Herz gelegt wird.

(Wir empfehlen, nur die Verse 9–16 zu lesen.)

Evangelium: Johannes 2,1–11

Jesus zeigt, wer er ist. Davon erzählt uns die Geschichte von der Hochzeit in Kana. Johannes hat sie im 2. Kapitel seines Evangeliums aufgeschrieben.

3. Sonntag nach Epiphanias

AT-Lesung: 2. Könige 5,(1–8) 9–15 (16–18) 19a

Der Gott Abrahams, Isaaks und Jakobs bietet seine Hilfe allen Menschen an, nicht nur denen in Israel. Davon erzählt die Geschichte von dem aussätzigen Hauptmann Naaman. Er kommt aus der syrisch-arabischen Wüste zu dem Propheten Elisa, weil eine junge Sklavin aus Israel ihm von der Kraft dieses Propheten erzählt hat.
Wir hören, was uns im 2. Buch der Könige im 5. Kapitel davon überliefert wurde.

Epistel: Römer 1,(14–15) 16–17

Die frohe Botschaft richtet sich an alle Menschen, ganz gleich, zu welchem Volk sie gehören und welche Religion sie bisher hatten.
Das schreibt Paulus im 1. Kapitel seines Briefes nach Rom.

Evangelium: Matthäus 8,5–13

Das Volk Israel ist Gottes auserwähltes Volk. Aber Gott will nicht ausschließlich für Israel dasein. Wer auserwählt ist, wer zu Gott gehört, das entscheidet allein der Glaube. Deshalb heilt Jesus den Sohn eines römischen Hauptmannes.
Das will Matthäus im 8. Kapitel seines Evangeliums deutlich machen.

4. Sonntag nach Epiphanias

AT-Lesung: Jesaja 51,9–16

Dramatisch geht es zu in unserem heutigen Bibelwort aus dem Alten Testament. Zunächst scheint es, als müßte Gott erst aufgeweckt werden. Als müßte man ihn erst daran erinnern, daß er mächtiger ist als alles, was Menschen bedrohen kann. „Du kannst doch alles zum Guten wenden!" erinnert der Prophet Jesaja seinen Gott.
Dann antwortet Gott und erinnert an die Erfahrungen, die Israel mit ihm gemacht hat. Er endet mit Worten, die wie eine tröstende Umarmung sind.
Hören wir diese Worte aus dem 51. Kapitel des Jesajabuches.

Epistel: 2. Korinther 1,8–11

Immer wieder erfahren Menschen: Gott hat mich vor dem sicheren Tod gerettet. Sie schöpfen daraus die Hoffnung, daß er sie auch in Zukunft beschützen wird. Und dafür sind sie dankbar.
So hören wir es von Paulus im 2.Brief an die Korinther im 1. Kapitel.

Evangelium: Markus 4,35–41

„Meister, fragst du nichts danach, daß wir umkommen?" Jesu Jünger sind in Todesgefahr, und er scheint es nicht einmal zu bemerken.
Hören wir, was sie mit Jesus erlebten, wie Markus es im 4. Kapitel seines Evangeliums aufgeschrieben hat.

5. Sonntag nach Epiphanias

AT-Lesung: Jesaja 40,12–25

Müde, verzagt und verzweifelt sind die Israeliten in Babylon. So sehr leiden sie unter ihrer Gefangenschaft. Zu ihnen spricht der Prophet Jesaja von der unvergleichlichen Größe und Macht ihres Gottes. Dieser Gott wird dem Volk Israel später sagen: „Ich helfe dir, fürchte dich nicht, denn ich bin dein Gott!“
Wir hören die alttestamentliche Lesung aus dem 40. Kapitel des Jesajabuches.

Epistel: 1. Korinther 1,(4–5) 6–9

Der Apostel Paulus schreibt einen Brief an die Christinnen und Christen in der Stadt Korinth. Er will heftige Kritik an den Mißständen in der Gemeinde üben. Zuerst jedoch macht er klar: bei aller Kritik gilt, daß wir alle zu der Gemeinschaft mit Gott gehören.
Davon hören wir jetzt aus dem 1. Kapitel des Briefes an die Korinther.

Evangelium: Matthäus 13,24–30

Von der Ungeduld der Menschen und der Geduld Gottes erzählt Jesus in einem Gleichnis, das uns Matthäus im 13. Kapitel seines Evangeliums überliefert hat.

Letzter Sonntag nach Epiphanias

AT-Lesung: 2. Mose 3,1–10 (11–14)

Mose begegnet Gott in einem brennenden Dornbusch. Heiliges Land ist es, auf dem er steht. Mose hat Angst. Aber Gott ist menschenfreundlich. Er will sein Volk aus der Knechtschaft in Ägypten befreien. So beginnt eine neue Geschichte Gottes mit seinem Volk.
Das hören wir im 3. Kapitel des 2. Buch Mose.

Epistel: 2. Korinther 4,6–10

Gott schickt Paulus zu den Menschen. Er weiß, daß Gott ihm auch die Kraft für seinen Auftrag geben wird; auch die Kraft, Not und Verfolgung zu überstehen.
Wir hören Verse aus dem 2. Brief an die Korinther.

Evangelium: Matthäus 17,1–9

Auf einem hohen Berg wird drei Jüngern eine Offenbarung zuteil. Sie sollen auf Jesus hören, denn er ist der Sohn Gottes, vor dem sie sich nicht zu fürchten brauchen. Aber erst, wenn Jesus von den Toten auferstanden ist, werden sie erfahren, was wirklich mit ihnen geschehen ist.
Wir hören das Evangelium aus dem 17. Kapitel des Matthäusevangeliums.

3. Sonntag vor der Passionszeit – Septuagesimae

AT-Lesung: Jeremia 9,22–23

Es gibt nur eine Sache, auf die wir stolz sein können. Das ist die Erkenntnis, daß wir auf Gottes Barmherzigkeit angewiesen sind.
Das läßt Gott die Menschen im 9. Kapitel des Buches Jeremia wissen.

Epistel: 1. Korinther 9,24–27

Wer im Sport einen Pokal gewinnen will, der muß dafür auf so manches verzichten. Auch wer bei Gott – im Bilde gesprochen – einen Siegerkranz bekommen will, muß lernen, sich zu beherrschen.
Davon spricht der 1. Korintherbrief im 9. Kapitel.

Evangelium: Matthäus 20,1–16a

Bei Gott geht es nicht nach Leistung. Sein Maßstab ist seine Güte. Diese Güte wird darüber entscheiden, was die Arbeit unseres Lebens wert war.
Davon erzählt Jesus im Gleichnis vom Weinberg, wie es Matthäus im 20. Kapitel seines Evangeliums überliefert.

Zweiter Sonntag vor der Passionszeit – Sexagesimae

AT-Lesung: Jesaja 55,(6–9) 10–12a

Wir können darauf vertrauen, daß Gott tut, was er sagt.
Sein Wort gilt.
Das versichert uns Jesaja im 55. Kapitel.

Epistel: Hebräer 4,12–13

Es ist nicht immer leicht, sich Gottes Wort zu stellen und es für sich gelten zu lassen. Es deckt Schwächen und Fehler auf. Aber es schafft auch Klarheit. Es hilft zu einem ehrlichen und aufrechten Leben.
Hören wir die Epistel aus dem 4. Kapitel des Hebräerbriefes.

Evangelium: Lukas 8,4–8 (9–15)

Wir machen immer wieder die Erfahrung, daß auf Gottes Wort nicht gehört wird. Warum das so ist, will uns Jesus mit einem Gleichnis erklären.
Wir hören es aus dem 8. Kapitel des Lukasevangeliums.

Sonntag vor der Passionszeit – Estomihi

AT-Lesung: Amos 5,21–24

Scharf kritisiert der Prophet Amos den Gottesdienst, der keine Folgen im alltäglichen Leben hat. Er fordert, mit aller Kraft für Recht und Gerechtigkeit einzutreten. Das hören wir im 5. Kapitel des Buches Amos.

Epistel: 1. Korinther 13,1–13

Der Apostel Paulus legt in seinem „Hohenlied der Liebe“ dar, daß die Liebe der Maßstab für unser gesamtes Denken, Reden und Handeln ist. Er setzt voraus, daß Gottes Freundlichkeit uns zur Liebe befähigt. Wir hören das im 13. Kapitel des 1. Korintherbriefes.

Evangelium: Markus 8,31–38

Jesus bezeichnet sich selbst als Menschensohn und spricht vom Leiden, das ihm bevorsteht. Als Petrus das nicht wahrhaben will, wird er scharf zurechtgewiesen. Im zweiten Teil der Lesung ruft Jesus uns auf, ihm nachzufolgen und unser eigenes Kreuz auf uns zu nehmen.
Wir hören davon im 8. Kapitel des Markusevangeliums.

Aschermittwoch

AT-Lesung: Joel 2,12–18(19)

Fasten soll das Volk Israel, verkündet der Prophet. Allen muß schmerzlich bewußt werden, daß sie auf dem falschen Weg sind. Nur so können sie zu Gott zurückfinden, der es gut mit ihnen meint.
Davon lesen wir bei Joel im 2. Kapitel.

Epistel: 2. Petrus 1,2–11

Wer erkannt hat, was der Glaube an Gott und an Jesus für sein Leben bedeutet, für den ergibt sich alles andere wie von selbst. Dennoch macht uns das Mühe. Aber das Wichtigste, nämlich die Kraft zu einem Leben als Gottes Kinder, hat Gott uns doch schon geschenkt.
Dies wird uns im 2. Petrusbrief versichert.

Evangelium: Matthäus 6,16–21

Bei Matthäus im 6. Kapitel lesen wir von der richtigen Weise des Fastens.

1. Sonntag der Passionszeit – Invokavit

AT-Lesung: 1.Mose 3,1–19(20–24)

Die erste und größte Versuchung besteht für uns Menschen darin, daß wir sein wollen wie Gott und selber wissen wollen, was gut und böse ist. Davon erzählt die uralte Geschichte von Adam und Eva und der Schlange. Sie ist uns überliefert im 1. Buch Mose im 3. Kapitel.

Epistel: Hebräer 4,14–16

Der Verfasser des Hebräerbriefes erinnert uns daran, daß auch Jesus in seinem Leben versucht wurde, ohne der Versuchung zu erliegen. Er vergleicht Jesus mit dem Hohenpriester, der vor Gott für die Sünden des Volkes fürbittend eintritt.
Im 4. Kapitel hören wir:

Evangelium: Matthäus 4,1–11

Aus Steinen Brot machen für die Hungernden; vor allen Menschen etwas Einmaliges tun; Herrscher sein über die ganze Welt – was für eine Versuchung für einen, der der Heiland der Welt sein will. Aber Jesus weiß, daß diese Art der Weltherrschaft vom Teufel kommt. Er widersteht der Versuchung, und die Engel dienen ihm.
Matthäus erzählt davon im 4. Kapitel seines Evangeliums.

2. Sonntag der Passionszeit – Reminiscere

AT-Lesung: Jesaja 5,1–7

Wie ein sorgfältig gepflegter Weinberg, so ist Gottes Volk. Was aber geschieht, wenn der Weinberg schlechte Trauben bringt?
Im 5. Kapitel des Jesajabuches werden die Folgen in einem Lied beschrieben.

Epistel: Römer 5,1–5 (6–11)

Gott ist auf unserer Seite. Dafür bürgt Christus. Paulus gibt seine Erfahrung weiter, daß Nöte, die von außen auf uns zukommen, uns nur näher zu ihm bringen.
(Die Sünde aber, die uns von Gott trennt, ist durch den Kreuzestod Christi doch längst aus dem Weg geräumt.)*
Davon lesen wir im Brief an die Römer im 5. Kapitel.

* Wird nur gelesen, wenn alle Verse der Epistel vorgetragen werden.

Evangelium: Markus 12,1–12

Im Evangelium für diesen Sonntag wird ein altes Bild aufgenommen. Gott wird darin mit einem Weinbergbesitzer verglichen. Sein Volk ist der Weinberg. Die, die im Volk Verantwortung tragen, sind die Pächter. Und die Propheten und zum Schluß Jesus selbst sind die Knechte, die die Ernte abholen sollen.
Hören wir, was sich in Gottes Weinberg ereignet.
Es steht aufgeschrieben bei Markus im 12. Kapitel.

3. Sonntag der Passionszeit – Okuli

AT-Lesung: 1. Könige 19,1–8 (9–13a)

Ein Prophet gerät in Lebensgefahr, weil er getan hat, was Gott von ihm wollte. Er flieht, und er will nicht mehr leben. So sehr ist er am Ende.
Doch da schickt Gott seinen Boten und bringt ihn wieder auf die Beine.
So wird es uns im 1. Buch der Könige im 19. Kapitel erzählt.

Epistel: Epheser 5,1–8a

Ihr seid Kinder des Lichtes, ihr seid Gottes geliebte Kinder. Nun lebt das auch. Ihr sollt nicht einmal in einer Weise reden, die euch selber und andere Menschen beschmutzt.
Diese Ermahnung lesen wir im Brief an die Epheser im 5. Kapitel.

Evangelium: Lukas 9,57–62

Die Worte Jesu, die wir gleich hören werden, klingen hart, ja sogar lieblos. In ihrer Schärfe sollen sie deutlich machen: Wer sich entschließt, mit Jesus zu gehen, für den wird alles andere unwichtig.
Wir hören die Worte Jesu, wie sie uns Lukas im 9. Kapitel seines Evangeliums überliefert hat.

4. Sonntag der Passionszeit – Lätare

AT-Lesung: Jesaja 54,7–10

Das Volk Israel wird in Babylon gefangengehalten. Da spricht ihm der Prophet Jesaja Trost zu. Er erinnert an Gottes Barmherzigkeit und den Bund seines Friedens, den er damals nach der Sintflut mit Noah für alle Generationen geschlossen hat.
Im 54. Kapitel hören wir:

Epistel: 2. Korinther 1,3–7

Paulus erinnert uns daran: So wie wir selber von Gott Trost empfangen, können wir echten Trost weitergeben.
Davon hören wir im 2. Korintherbrief im 1. Kapitel.

Evangelium: Johannes 12,20–26

Ein Weizenkorn muß man in die Erde legen, damit neuer Weizen wachsen kann. Das Korn selber vergeht dabei. Mit diesem Bild aus der Natur macht Jesus seinen Jüngern klar: Wer mit mir auferstehen will, der muß dafür sein altes Leben drangeben und mir nachfolgen.
Das hören wir aus dem 12. Kapitel des Johannesevangeliums.

5. Sonntag der Passionszeit – Judika

AT Lesung: 1. Mose 22,1–13

Gott fordert Abraham auf, seinen einzigen Sohn Isaak, auf dem alle seine Hoffnungen ruhen, zu opfern. Aber sollte Gott so grausam sein? Abraham scheint sich das nicht zu fragen. Er macht sich auf, Gottes Willen zu erfüllen. Bis zum letzten Handgriff wird uns dieses dramatische Ereignis erzählt. Aber Gott verschont Isaak, weil Abraham gehorsam ist.
Wir hören diese Erzählung im 1. Buch Mose im 22. Kapitel.

Epistel: Hebräer 5,7–9

Christus war Gott gehorsam bis zum Tod am Kreuz. Das war ein schwerer Weg. Doch, so will uns der Verfasser des Hebräerbriefes sagen: Sein Gehorsam war die Voraussetzung, daß wir gerettet werden. Für alle, die Gott folgen, ist er so zum Urheber ewigen Heils geworden.
Wir hören Verse aus dem 5. Kapitel des Hebräerbriefes.

Evangelium: Markus 10,35–45

Jakobus und Johannes wollen den Ehrenplatz neben Christus im Himmel haben. Aber können sie den Weg durch Leiden und Tod wie Jesus gehen, nämlich denselben Kelch trinken und dieselbe Taufe erleiden? Am Schluß der Lesung weist Jesus die Jünger zurecht: Wer der erste sein will, soll Diener aller Menschen sein.
Wir hören Verse aus dem 10. Kapitel des Markusevangeliums.

6. Sonntag der Passionszeit – Palmsonntag

AT-Lesung: Jesaja 50,4–9

Am Sonntag zu Beginn der Karwoche hören wir beim Propheten Jesaja von einem leidenden Menschen. Christen haben in diesem Klagelied das Leiden Jesu vorgezeichnet gefunden. Das Volk Israel hat in dem Lied seinen eigenen Weg als Gottesvolk wiedererkannt. Christen wie Juden finden darin Hilfe und Trost.
Wir hören, was Jesaja im 50. Kapitel schreibt.

Epistel: Philipper 2,5–11

Jesus ist der Herr, und doch führt sein Weg ans Kreuz. In Leid und Tod will er uns Menschen nahe sein. Er stellt sich auf eine Stufe mit den Ohnmächtigen dieser Welt. Und eben darum beten wir ihn bis heute in der Gemeinschaft aller Christen an.
Davon hören wir im Brief an die Philipper im 2. Kapitel.

Evangelium: Johannes 12,12–19

Jesus zieht in Jerusalem ein. Er wird von der Menge jubelnd begrüßt. Sie singen ihm Psalmen und schwingen Palmzweige. Am Sonntag zu Beginn der Karwoche werden wir daran erinnert, daß das Volk einen Messias erwartete, der so ganz anders sein sollte, als es Jesus dann war.
Davon hören wir im 12. Kapitel des Johannesevangeliums.

Gründonnerstag

AT-Lesung: 2. Mose 12,1.3–4.6–7.11–14

Das jüdische Volk feiert das Passafest zum Gedenken an die Befreiung aus der Sklaverei in Ägypten. Zu den Festbräuchen gehört das Schlachten eines Lammes. Im 2. Buch Mose wird uns berichtet, wie dieser Brauch in Israel entstanden ist.
Das Passafest ist auch eine der Wurzeln unserer Abendmahlsfeier.
Hören wir die alttestamentliche Lesung aus dem 2. Buch Mose.

Epistel: 1. Korinther 11,23–26

In der Epistel hören wir die Abendmahlsworte, so wie sie uns im 1.Brief an die Korinther im 11. Kapitel überliefert sind.

Evangelium: Johannes 13,1–15 (34–35)

Die Liebe soll das Erkennungszeichen derer sein, die zu Jesus gehören. Jesus hat als Zeichen seiner Liebe das getan, was eigentlich Sklavenarbeit war: Er hat den Jüngern die heißen, staubigen Füße gewaschen. Das war auch ein Zeichen dafür, daß er selber uns immer wieder reinigen muß für diesen Dienst der Liebe.
In der Geschichte von der Fußwaschung erzählt Johannes davon. Sie steht im 13. Kapitel seines Evangeliums.

Tag der Kreuzigung des Herrn – Karfreitag

AT-Lesung: Jesaja (52,13–15); 53,1–12

Jesaja, der Prophet, erzählt uns von einem Menschen, der viel erleiden muß. Dieser Mann, Gottes Knecht, leidet für das Volk Israel, damit es Frieden haben wird. So sagt es Jesaja und will damit den Weg des Volkes Israel beschreiben und ihm eine gute Zukunft in Frieden und Gerechtigkeit aufzeigen.
Wir bedenken am Karfreitag den Weg von Jesus Christus, der für uns leidet und stirbt, damit wir leben. Hören wir den Propheten Jesaja im (52. und) 53. Kapitel.

Epistel: 2. Korinther 5, (14b–18) 19–21

Paulus gibt uns seine Deutung dessen, was am Karfreitag geschah. Gott will Versöhnung mit uns. Davor sollen wir uns nicht verschließen.
Er schreibt im 2. Brief an die Gemeinde in Korinth im 5. Kapitel:

Evangelium: Johannes 19,16–30

Wir hören, wie Johannes im 19. Kapitel seines Evangeliums von der Kreuzigung Jesu berichtet.

Karsamstag – Karsonnabend

AT- Lesung: Hesekiel 37,1–14

Der Prophet Hesekiel hat eine Vision. Er sieht ein Feld voller Totengebeine, voller Knochen. Sie werden wieder zu lebendigen Menschen. Heute, am Karsamstag, halten wir inne und trauern über Jesu Tod. Aber uns wird Hoffnung gemacht. Denn bei Gott ist alles möglich, selbst daß Tote wieder auferstehen.
Wir hören den Propheten Hesekiel im 37. Kapitel.

Epistel: 1. Petrus 3,18–22

Die Epistellesung weist uns auf unsere Taufe hin, die uns rettet und mit Gott verbindet. Sie ist ein Abbild des Weges, den Jesus gehen mußte zur Auferstehung. Das alles geschah, so der Briefschreiber, nicht nur für uns, sondern auch für die Menschen, die vor Jesus gestorben waren. Im Glaubensbekenntnis sagen wir „Hinabgestiegen in das Reich des Todes“. Im 1. Petrusbrief wird das so ausgedrückt: Christus hat gepredigt den Geistern im Gefängnis, die einst ungehorsam waren.
Wir hören die Epistel aus dem 3. Kapitel des 1. Petrusbriefes.

Evangelium: Matthäus 27, (57–61) 62–66

Jesus wird von seinen Freunden ins Grab gelegt. Zwei Frauen bleiben dort. Aber auch die ihn getötet haben, wollen sichergehen. Für sie soll die Geschichte mit Jesus ein für allemal zu Ende sein.
Wir hören Verse aus dem 27. Kapitel des Matthäusevangeliums.

In der Osternacht

Epistel: Kolosser 3,1–4

Unser Leben ist neu geworden, auch wenn es noch nicht so offensichtlich ist. Darum werden wir aufgefordert, uns nun nach Christus auszurichten, der zur Rechten Gottes sitzt.
So hören wir es im 3. Kapitel des Briefes an die Kolosser.

Evangelium: Matthäus 28,1–10

Das Grab ist leer. Frauen hören als erste von der Auferstehung. „Fürchtet euch nicht“, wird ihnen zweimal zugerufen. Sie werden die ersten sein, die die gute Nachricht, das Evangelium von der Auferstehun verkünden.
Wir hören diese Geschichte, wie sie bei Matthäus im 28. Kapitel aufgeschrieben ist.

Tag der Auferstehung des Herrn – Ostersonntag

AT-Lesung: 1. Samuel 2,1–2.6–8a

Am ersten Ostertag hören wir den Lobgesang der Hanna. Lange war sie kinderlos und mußte Kränkungen ertragen. Sie betete immer wieder zu Gott, bis sie dann doch erhört wurde. Gott hat ihr mit dem Sohn neuen Lebensmut geschenkt.
Von Hannas Freude und ihrem Dank hören wir bei Samuel im 2. Kapitel.

Epistel: 1. Korinther 15,1–11

Christus ist für unsere Sünden gestorben, er ist begraben worden, er ist am dritten Tage auferstanden. Und er hat sich als der Lebendige gezeigt. Das hat Paulus damals weitergegeben, das feiern wir auch heute.
Wir hören Worte des Paulus an die Gemeinde in Korinth.

Evangelium Markus 16,1–8

Im Grab ist er nicht zu finden, der Gekreuzigte. Das leere Grab hat keine Überzeugungskraft. Es löst keine Freude aus, sondern Zittern, Entsetzen und Sprachlosigkeit. Aber wer Jesus dahin folgt, wo er gelebt und gelehrt hat, der wird die Osterbotschaft erfahren.
So erzählt es Markus im 16. Kapitel.

Ostermontag

AT-Lesung: Jesaja 25,8–9

Der Tod wird vernichtet werden. Leid und Trauer werden zu Ende sein. Diese bewegende Hoffnung stellt uns der Prophet Jesaja vor Augen.
Wir hören davon im 25. Kapitel seines Buches.

Epistel: 1. Korinther 15,12–20

In Korinth glauben einige Gemeindeglieder nicht an die Auferstehung der Toten. Paulus schreibt ihnen daraufhin nachdrücklich, daß die Auferstehung von Jesus Christus der Dreh- und Angelpunkt des Glaubens ist. Und seine Auferstehung hat untrennbar zur Folge, daß auch wir nach unserem Tod auferstehen werden.
Wir hören davon im 15. Kapitel des 1. Korintherbriefes.

Evangelium: Lukas 24,13–35

Verzweifelt laufen zwei Freunde von Jesus aus Jerusalem fort, nachdem er gekreuzigt worden ist. Unterwegs kommen sie mit einem Fremden darüber ins Gespräch. Aber erst beim Abendessen erkennen sie, daß in diesem Fremden der auferstandene Jesus Christus bei ihnen war. Diese Erfahrung verändert ihr Leben.
Wir hören davon im 24. Kapitel des Lukasevangeliums.

Erster Sonntag nach Ostern – Quasimodogeniti

AT-Lesung: Jesaja 40,26–31

Den Resignierten und Gescheiterten gibt der Glaube an Gott, den Schöpfer, neue Hoffnung und neue Kräfte. Wir hören davon beim Propheten Jesaja im 40. Kapitel seines Buches.

Epistel: 1. Petrus 1,3–9

Wegen ihres Glaubens werden die Menschen, an die der 1. Petrusbrief gerichtet ist, angegriffen und verfolgt. Der Verfasser lenkt ihren Blick auf den auferstandenen Christus, zu dem sie durch die Taufe gehören. An ihm sollen sie festhalten in ihrer bedrohlichen Situation. Dazu ermutigt uns der 1. Petrusbrief im 1. Kapitel.

Evangelium: Johannes 20,19–29

Thomas, der Zweifler, kann die Auferstehung von Christus nicht begreifen. Damit spricht er manchem Menschen aus der Seele. Doch der Auferstandene erscheint ihm und hilft ihm zu glauben. Aber dann sagt Christus ihm: „Freuen dürfen sich alle, die mich nicht sehen und mir trotzdem vertrauen."
Wir hören davon im 20. Kapitel des Johannesevangeliums.

Zweiter Sonntag nach Ostern – Misericordias Domini

AT-Lesung: Hesekiel 34,1–2(3–9)10–16.31

„Gott wird euch helfen, er wird euer guter Hirte sein“, so macht der Prophet Hesekiel den verzweifelten Israeliten Mut. Sie sind in Kriegsgefangenschaft, und ihre führenden Männer denken nur an sich selber. Aber nun wird Gott sein Volk als der gute Hirte leiten. Er wird sie retten, auch die Verirrten, die Verwundeten und die Schwachen.
Auch wir können uns Mut machen lassen von den Worten des Hesekiel, wie sie im 34. Kapitel aufgeschrieben sind.

Epistel: 1. Petrus 2,21b–25

Wer den Spuren des guten Hirten folgt, muß auch bereit sein, seinen Leidensweg mitzugehen.
Das führt uns der 1. Petrusbrief im 2. Kapitel vor Augen.

Evangelium: Johannes 10,11–16 (27–30)

Wir können uns auf unseren guten Hirten verlassen. Er wird uns nicht im Stich lassen, uns nicht und auch all die anderen nicht, die in anderen Kirchen und Glaubensgemeinschaften leben. Und eines Tages werden wir alle eine Herde sein.
Davon hören wir im Evangelium des Johannes im 10. Kapitel.

Jubilate

AT-Lesung: 1. Mose 1,1–4a.26–31a.2,1–4a

Gott war es, der Himmel und Erde mit allem, was dazu gehört, entstehen ließ. Und es war alles sehr gut.
Im 1. Buch der Bibel wird das im 1. und 2. Kapitel so beschrieben.

Epistel: 1. Johannes 5,1–4

Gottes Liebe zu uns, unsere Liebe zu Gott und die Liebe zwischen den Menschen sind nicht voneinander zu trennen. Die Gebote, die Gott uns gegeben hat, helfen uns, in dieser Liebe zu bleiben.
Im 1. Johannesbrief lesen wir im 5. Kapitel davon.

Evangelium: Johannes 15,1–8

Die enge Verbindung zu Jesus ist es, die das Leben gelingen läßt. Davon spricht Jesus in einem Gleichnis, das uns im 15. Kapitel des Johannesevangeliums überliefert ist.

Kantate

AT-Lesung: Jesaja 12,1–6

Ein überschwengliches Loblied auf Gott, der sein Volk tröstet und sich herrlich erweist, hören wir heute von dem Propheten Jesaja aus dem 12. Kapitel seines Buches.

Epistel: Kolosser 3,12–17

Vergebt einander, haltet Frieden, hört auf Christus, dankt Gott mit euren Liedern.
Über das Leben in der christlichen Gemeinde hören wir Verse aus dem 3. Kapitel des Kolosserbriefes.

Evangelium: Matthäus 11,25–30

Jesus dankt seinem Vater, weil er ihn gesandt hat, um den armen, den schwachen und ausgegrenzten Menschen die gute Botschaft zu bringen. An ihn können wir uns wenden und all unsere Last und Mühe bei ihm abladen.
Dies hören wir bei Matthäus im 11. Kapitel.

Rogate

AT-Lesung: 2. Mose 32,7–14

Gott hört zu, wenn Menschen mit ihm reden. Sogar umstimmen läßt er sich.
Von dieser Erfahrung lesen wir im 2. Buch Mose im 32. Kapitel.

Epistel: 1. Timotheus 2,1–6a

Betet für alle Menschen, auch für die Regierenden, mahnt uns der 1. Timotheusbrief im 2. Kapitel.

Evangelium: Johannes 16,23b–28 (29–32) 33

Bitten im Namen Jesu, das kann gerade in schweren Zeiten helfen. Jesus ermutigt uns im heutigen Evangelium dazu.
Es steht bei Johannes im 16. Kapitel.

Christi Himmelfahrt

AT-Lesung: 1. Könige 8,22–24.26–28

König Salomo verwirklicht den Plan seines Vaters David und baut einen Tempel in Jerusalem. Er vertraut darauf, daß Gott in seinem Haus den Menschen besonders nahe ist. Zugleich weiß er, daß der Schöpfer des Himmels und der Erde auf keinen Ort festzulegen ist. Das spricht Salomo in seinem Gebet zur Einweihung des Tempels aus.
Es steht im 1. Buch der Könige im 8. Kapitel.

Epistel: Apostelgeschichte 1,3–4 (5–7) 8–11

„Himmelfahrt" bedeutet, daß Christus in Gottes unsichtbare Wirklichkeit aufgenommen ist. Wir auf unserer Erde können in der Kraft des Heiligen Geistes Zeugen für Christus und Gottes Reich sein.
Wir hören davon im 1. Kapitel der Apostelgeschichte.

Evangelium: Lukas 24,(44–49) 50–53

Von der Himmelfahrt erzählt Lukas (auch) am Ende seines Evangeliums. Christus erklärt hier den Jüngern seinen Weg, der durch das Leiden zur Auferstehung führt. Er sagt ihnen, daß sie in Jerusalem auf die Kraft des Heiligen Geistes warten sollen.
Das Evangelium steh im 24. Kapitel des Lukasevangeliums.

6. Sonntag nach Ostern: Exaudi

AT-Lesung: Jeremia 31,31–34

Jeremia verheißt dem Volk Gottes einen neuen Bund, der anders sein wird als der vorige. Was gewesen ist, wird vergessen und vergeben sein. Alle Menschen werden Gott erkennen.
Wir hören die alttestamentliche Lesung aus dem Propheten Jeremia im 31. Kapitel.

Epistel: Epheser 3,14–21

Die heutige Epistellesung beginnt mit einer Fürbitte um die Gaben des Geistes für die Menschen in den christlichen Gemeinden. Diese Gaben führen zur Erkenntnis der ganzen Gottesfülle, wie es im Brief heißt.
Wir hören Verse aus dem 3. Kapitel des Briefes an die Epheser.

Evangelium: Johannes 15,26–16,4

Jesus bereitet die Jünger in seiner Abschiedsrede darauf vor, daß sie verfolgt und aus der jüdischen Gemeinde ausgestoßen werden. Sie sollen den Mut und den Glauben nicht verlieren.
Wir hören das Evangelium aus dem 15. Kapitel des Johannesevangeliums.

Pfingstsonntag

AT-Lesung: 4. Mose 11,11–12.14–17.24–25

Völlig überfordert fühlt sich Mose von den Ansprüchen, die das Volk Israel auf dem langen Weg durch die Wüste an ihn stellt. Darum beauftragt ihn Gott, siebzig angesehene Männer auszusuchen, die mit ihm zusammen die Leitung des Volkes übernehmen. Ihnen wird Gott einen Teil von dem Geist geben, den Mose bekommen hat.
Wir hören davon im 11. Kapitel des 4. Mosebuches.

Epistel: Apostelgeschichte 2,1–18

Voller Begeisterung reden die Anhänger von Jesus in Jerusalem in aller Öffentlichkeit von den großen Taten Gottes. Sie überwinden dabei trennende Sprachbarrieren. Petrus sagt dazu in seiner Predigt, daß sie vom heiligen Geist ergriffen sind, den Gott schon lange vorher versprochen hat.
Wir hören die Erzählung vom ersten Pfingstfest, die im 2. Kapitel der Apostelgeschichte steht.

Evangelium: Johannes 14,23–27

Jesus nimmt von seinen Freundinnen und Freunden Abschied. Er versichert, daß Gott ihnen den Heiligen Geist, den Tröster, senden wird, wenn er nicht mehr da ist. Darum brauchen sie keine Angst zu haben, und sie werden nicht allein sein.
Wir hören davon im 14. Kapitel des Johannesevangeliums.

Pfingstmontag

AT-Lesung: 1. Mose 11,1–9

Wo Menschen ihren Allmachtsphantasien nachgeben, wo sie sich selber als höchstes Wesen verstehen, da geraten sie bald in heillose Verwirrung, und keiner kann den anderen mehr verstehen.
Von dieser uralten Erfahrung spricht die Geschichte vom Turmbau zu Babel, wie sie im 1. Buch Mose im 11. Kapitel aufgezeichnet ist.

Epistel: 1. Korinther 12,4–11

Wir sind alle verschieden. Jeder Mensch hat seine ganz spezielle Begabung. Und diese Begabung ist eine Gabe von Gott. So kann jeder Mensch auf seine Weise im Geist des einen Gottes etwas an die anderen weitergeben.
Wir hören davon im Brief an die Korinther im 12. Kapitel.

Evangelium: Matthäus 16,13–19

Es gibt Menschen in der Kirche Jesu Christi, die von Gott einen ganz besonderen Auftrag bekommen haben. Einer von diesen Menschen war Petrus. Wie Jesus ihm die Schlüssel des Himmelreiches überreicht, erzählt Matthäus im 16. Kapitel seines Evangeliums.

Tag der Heiligen Dreifaltigkeit – Trinitatis

AT-Lesung: Jesaja 6,1–13

Gottes Größe und Majestät erfährt der Prophet Jesaja, als Gott ihn in seinen Dienst ruft. Was Jesaja im Auftrag Gottes zu sagen hat, ist schrecklich und unbegreiflich. Aber am Ende darf er doch auch Worte hören, die hoffen lassen.
Von der Berufung Jesajas wird im 6. Kapitel des Prophetenbuches erzählt.

Epistel: Römer 11,(32) 33–36

Gottes Wege sind oft unerforschlich für uns Menschen. Gott ist einfach zu groß für uns.
Diesen Gott preist Paulus im Brief an die Römer im 11. Kapitel.

Evangelium: Johannes 3,1–8 (9–15)

So, wie wir sind, können wir nicht in Gottes neue Welt kommen. Nur wenn sein Geist uns verwandelt, öffnet sich sein Reich für uns. Das möchte Johannes erklären, wenn er von dem Gespräch zwischen Jesus und dem Pharisäer Nikodemus erzählt.
Es ist im 3. Kapitel seines Evangeliums überliefert.

1. Sonntag nach Trinitatis

AT-Lesung: 5. Mose 6,4–9

Seit alter Zeit bekennen sich die Israeliten zu dem einen Gott. Ihm gilt ihre ganze Liebe. Dieses Bekenntnis verbindet Juden und Christen sehr eng miteinander.
Wir hören die alttestamentliche Lesung aus dem 5. Buch Mose.

Epistel: 1. Johannes 4,16b–21

Gott ist die Liebe – das ist eine große Zusage. Sie befreit von der Angst und macht fähig, Gott und unsere Mitmenschen zu lieben. Die sichtbare Nächstenliebe ist geradezu Kennzeichen für die Liebe zu dem Gott, der unsichtbar ist.
Wir hören davon im 4. Kapitel des 1. Johannesbriefes.

Evangelium: Lukas 16,19–31

Hart scheint auf den ersten Blick das Gleichnis zu sein, das wir heute hören. Ein reicher Mann im Totenreich leidet so sehr, daß er seine Brüder vor den Qualen dieses Ortes warnen will. Das wird ihm verwehrt. Jesus geht es hier nicht um eine Schilderung des Jenseits. Er will vielmehr mit Nachdruck zeigen, daß bereits Mose und die Propheten deutlich gesagt haben, was Gott von uns Menschen erwartet.
Das Gleichnis steht im 16. Kapitel des Lukasevangeliums.

2. Sonntag nach Trinitatis

AT-Lesung: Jesaja 55, 1–3b (3c–5)

„Höret, so werdet ihr leben!" – das ist die gute Nachricht des Propheten. Was uns wirklich satt macht und ausfüllt, das können wir uns nicht erarbeiten und nicht verdienen. Gott gibt es umsonst, wenn wir auf sein Wort hören.
Die alttestamentliche Lesung steht beim Propheten Jesaja im 55. Kapitel.

Epistel: Epheser 2,17–22

Die Kirche soll wie ein großes und offenes Haus sein, dessen Grundstein Jesus Christus ist. Jeder und jede einzelne ist ein wichtiger Baustein für dieses Bauwerk. In der Gemeinde haben verschiedene Gruppen und Richtungen Platz, so wie in der Urgemeinde Juden und Nichtjuden friedlich zusammenlebten.
Das hören wir in der Epistel aus dem 2. Kapitel des Epheserbriefes.

Evangelium: Lukas 14,16–24

„Kommt, denn es ist alles bereit." Diese Einladung, die wir vom Abendmahl kennen, stammt aus einem Gleichnis von Jesus.
Wir hören es im 14. Kapitel des Lukasevangeliums.

3. Sonntag nach Trinitatis

AT-Lesung: Hesekiel 18,1–4.21–24.30–32

Gott wirbt um Menschen. Sie sollen nicht in ihr Verderben rennen. Gott möchte, daß sie auf den Weg zurückkehren, der ins Leben führt.
Von diesem Gott, der seine Menschen sucht, hören wir beim Propheten Hesekiel im 18. Kapitel.

Epistel: 1.Timotheus 1,12–17

Manchmal macht Gott den Bock zum Gärtner. Das hat auch der Verfasser des 1.Timotheusbriefes erfahren. Er wurde von einem Verfolger zum Apostel Jesu Christi. An ihm können wir sehen: Es ist dem barmherzigen Gott ernst damit, Menschen auf den Weg zum Leben zu bringen. Deshalb hat er seinen Sohn geschickt.
Dafür hören wir Dank im 1. Brief an Timotheus im 1. Kapitel.

Evangelium: Lukas 15,1–7(8–10)

Ein Hirte freut sich über jedes Schaf, das er wieder in seine Herde zurückbringen kann. Er müht sich gerade um die schwarzen Schafe, die ohne solche Mühe verloren wären. Das erklärt Jesus den Menschen, die die schwarzen Schafe lieber abschreiben möchten.
Lukas hat uns das in einem Gespräch im 15. Kapitel seines Evangeliums überliefert.

4. Sonntag nach Trinitatis

AT-Lesung: 1.Mose 50,15–21

Kann Schuld und Sünde so vergeben und vergessen sein, daß wir wirklich ganz frei davon sind? Oder bleibt nicht doch etwas zurück?
Mit dieser Frage plagen sich die Brüder von Josef. Sie wollten ihn vor vielen Jahren töten. Doch um nicht diese letzte und größte Schuld des Brudermordes auf sich zu nehmen, verkauften sie ihn schließlich als Sklaven nach Ägypten. Dort wurde er reich und mächtig.
Als Josef nach langer Zeit seine Brüder wieder sah, vergab er ihnen. Sie holten den Vater Jakob und lebten gemeinsam in Ägypten. Nun aber war der Vater gestorben. Wird Josef nun doch noch Rache an ihnen üben?
Hören wir die alttestamentliche Lesung aus dem ersten Mosebuch im 50. Kapitel.

Epistel: Römer 14,10–13

Das geht uns alle an! Wie schnell urteilen wir über andere Menschen, kritisieren an ihnen herum, reden schlecht über sie. Paulus sagt: Laßt das sein! Urteile könnt ihr getrost Gott überlassen. Lebt so, daß andere sich nicht über euch ärgern müssen.
Hören wir Paulus im Römerbrief im 14. Kapitel.

Evangelium: Lukas 6,36–42

„Seid barmherzig, wie auch euer Vater barmherzig ist.“ Das sagt Jesus den Menschen, die ihm zuhören. Doch wie können wir Gottes Barmherzigkeit erfahren?
Jesus antwortet: Wenn ihr einander vergebt und euch nicht gegenseitig richtet und verdammt. Denn keiner von uns sollte meinen, besser als andere zu sein.
Wir hören Jesus im Lukasevangelium im 6. Kapitel.

5. Sonntag nach Trinitatis

AT-Lesung: 1.Mose 12,1–4a

„Geh los!“ sagt Gott zu Abraham – und Abraham geht los, ohne jede Sicherheit. Durch dieses bedingungslose Vertrauen zu seinem Gott ist er für Juden, Christen und Muslime zu einem Vorbild im Glauben geworden.
Wir hören vom Anfang seines Weges mit Gott, wie es uns im 1.Buch Mose im 12.Kapitel überliefert ist.

Epistel: 1.Korinther 1,18–25

Vom gekreuzigten Christus geht die Kraft aus, die wir für unseren Lebensweg brauchen. Das erfahren Christen immer wieder. Wenn wir aber versuchen, diesen Glauben mit klugen Argumenten zu beweisen, kommen wir nicht weit.
Von solch widersprüchlichen Erfahrungen lesen wir im 1.Brief an die Korinther im 1.Kapitel.

Evangelium: Lukas 5,1–11

„Fahrt los und werft die Netze aus!“ sagt Jesus zu Petrus und seinen Berufskollegen. Zunächst erscheint es ihnen sinnlos, Jesus zu gehorchen.
Für alle, denen es gelegentlich auch so geht, erzählt Lukas im 5.Kapitel seines Evangeliums vom Fischzug.

6. Sonntag nach Trinitatis

AT-Lesung: Jesaja 43,1–7

„Fürchte dich nicht“, sagt Gott zu den verzweifelten Israeliten in der babylonischen Gefangenschaft. Er will sich seinem Volk liebevoll zuwenden und es aus dem Exil herausführen. Und er wird sein zerstreutes Volk wieder zusammenführen.
„Fürchte dich nicht“ sagt Gott auch zu uns. Wir hören diese Zusage bei Jesaja im 43. Kapitel.

Epistel: Römer 6,3–8 (9–11)

In der Taufe werden wir in den Tod und in die Auferstehung Christi hineingenommen. Das Böse hat nun keine endgültige Macht mehr über uns. Daß dies Auswirkungen auf unser alltägliches Verhalten hat, versucht Paulus uns zu erklären.
Wir hören davon im 6. Kapitel des Römerbriefes.

Evangelium: Matthäus 28,16–20

„Siehe, ich bin bei euch alle Tage!“ – Das hat der auferstandene Jesus Christus jeder und jedem von uns bei unserer Taufe zugesagt. Und Christus ruft uns auf, daß wir an andere weitergeben, was er gesagt und getan hat. Wir lesen es im 28. Kapitel des Matthäusevangeliums.

oder: „Gehet hin, und macht zu Jüngerinnen und Jüngern alle Völker!“ Diesen Auftrag hat der auferstandene Jesus Christus jeder und jedem von uns gegeben. Darauf beruft sich auch die christliche Mission. Sie lädt zur Taufe ein.

Wir lesen davon im 28. Kapitel des Matthäusevangeliums.

7. Sonntag nach Trinitatis

AT-Lesung: 2.Mose 16,2–3.11–18

Gott sorgt für seine Menschen, aber die Menschen wagen es nicht, darauf zu vertrauen.
Davon wird uns im 2. Buch Mose im 16. Kapitel erzählt.

Epistel: Apostelgeschichte 2,41a.42–47

Wir sind heute zum Gottesdienst zusammengekommen, um miteinander zu singen, zu beten und auf Gottes Wort zu hören (und das Abendmahl zu feiern). Aber – müßte in einer lebendigen Gemeinde nicht mehr geschehen?
In der Apostelgeschichte im 2. Kapitel wird uns davon erzählt, wie die ideale christliche Gemeinde aussehen könnte.

Evangelium: Johannes 6,1–15

Wir Menschen brauchen Nahrung, um zu überleben. Aber wir brauchen ebenso Gottes Wort. Wer hungrig ist, kann nicht gut zuhören. Und wer Gottes Wort hört, der kann nicht gut zusehen, wenn andere hungern. Jesus lehrt uns, wie alle satt werden, wenn einer anfängt zu teilen.
Wir hören Jesus im 6. Kapitel des Johannesevangeliums.

8.Sonntag nach Trinitatis

AT-Lesung: Jesaja 2,1–5

Zwielichtig und beängstigend muß die Zeit des Propheten Jesaja gewesen sein. Da sieht er vom Tempelberg in Jerusalem, vom Berg des Herrn her, Licht ausgehen. In diesem Licht sollen alle Völker wandeln.
So steht es bei Jesaja im 2. Kapitel

oder: „Schwerter werden zu Pflugscharen.“ Mit diesem Bibelwort rufen die Friedensbewegungen zu gewaltfreiem Umgang miteinander auf. Der Prophet Jesaja malt diese Vision vor unsere Augen. Alle Völker werden in Jerusalem zu letzten Zeit zusammenkommen.
Wir hören davon bei Jesaja im 2. Kapitel.

Epistel: Epheser 5,8b–14

„Lebt als Kinder des Lichtes.“ Dieses Licht soll schon jetzt unser Tun bestimmen. Die Epistellesung mutet und traut den Christen einiges zu.
So steht es im Epheserbrief im 5. Kapitel.

Evangelium: Matthäus 5,13–16

Eine Stadt, die auf einem Berg liegt, kann man von überall her sehen. Licht, das wir anmachen, soll uns das Leben erleichtern. Wie das Licht, so soll unser Glaube anderen Menschen helfen. Jesus sagt: Laßt euer Licht, euren Glauben leuchten. Versteckt euch nicht.
Wir hören Verse aus dem 5. Kapitel des Matthäusevangeliums.

9. Sonntag nach Trinitatis

AT-Lesung: Jeremia 4,1–10

Ob wir es spüren oder nicht: Jede und jeder von uns hat von Gott eine Aufgabe bekommen. Manche Menschen werden von ihm in besonderer Weise herausgerufen.
Wir hören heute, wie Jeremia zum Propheten berufen wird und wie Gott ihm eine besondere Aufgabe gibt. Aber wir spüren auch, welche Last und Mühe das für ihn bedeutet.
Deshalb sagt Gott diesem Mann und auch uns: Fürchte dich nicht, ich bin bei dir.
Wir hören den Bericht des Propheten von seiner Berufung im 1. Kapitel des Jeremia-Buches.

Epistel: Philipper 3,7–11(12–14)

Was hatte Paulus nicht alles getan, um ein Leben zu führen, das Gott gefällt. Mit großem Eifer versuchte er, die Gebote und Gesetze Gottes zu erfüllen. Sogar die Gemeinde der Christen verfolgte er und brachte die Menschen vor Gericht. Er meinte sogar, Gott damit einen Gefallen zu tun.
Aber dann ging ihm ein Licht auf. Er verstand, und er lernte glauben, was Jesus Christus gelehrt hatte: Der Weg zu Gott führt nur über den Glauben. Paulus nennt das „Gerechtigkeit, die durch den Glauben an Christus kommt."
Wir hören seine Worte aus dem Philipperbrief im 3. Kapitel.

Evangelium: Matthäus 25,14–30

Jede und jeder von uns hat von Gott Gaben und Fähigkeiten bekommen, um sie für Gott und die Menschen einzusetzen. Jesus will uns in einem Gleichnis, in dem er die Begabung mit Silber vergleicht, Mut machen, sie zu entdecken und zu gebrauchen. Am Schluß stehen harte Worte gegen einen, der seine Begabung versteckt und nicht einsetzt.
Wir hören das Gleichnis aus dem 25. Kapitel des Matthäusevangeliums.

10. Sonntag nach Trinitatis

AT-Lesung: 2. Könige 25,8–12

Das Volk Israel erlebte, wie die Stadt Jerusalem und der Tempel zerstört wurden. Im Tempel waren sie Gott begegnet. Hat Gott sich von seinem Volk abgewendet?
Die Lesung aus dem 2. Buch der Könige im 23. Kapitel berichtet davon in nüchternen Worten.

Epistel: Römer 11,25–32

Der Apostel Paulus gehört dem Volk Israel an. Er leidet darunter, daß das auserwählte Volk nicht an Jesus Christus glauben kann. Doch er ist überzeugt, daß Gott zu seinem Bund mit Israel steht.
Im Brief an die Römer hören wir im 11. Kapitel:

Evangelium: Lukas 19,41–48

Im ersten Teil unseres Evangeliums hören wir, wie Jesus über die bevorstehende Zerstörung Jerusalems weint.
Im zweiten Teil wird uns berichtet, was Jesus im Tempel sieht und wie er darauf reagiert.
Das Evangelium steht bei Lukas im 19. Kapitel.

11. Sonntag nach Trinitatis

AT-Lesung: 2. Samuel 12,1–10.13–15a

In einigen Geschichten des Alten Testaments ist Gottes Handeln für uns schwer verständlich. So auch in der heutigen Erzählung. Der Prophet Nathan hilft einerseits dem König David mit einer Gleichniserzählung, seine Schuld zu erkennen. Eigentlich hätte er den Tod verdient, doch Gott läßt ihn am Leben. Sein Sohn aber soll sterben.
Im 2. Buch Samuel im 12. Kapitel wird uns davon berichtet.

Epistel: Epheser 2,4–10

Glaubt nicht, daß ihr aus eigener Kraft in den Himmel kommen könnt. Wir verdanken es nur Gottes Gnade und Barmherzigkeit, daß wir ein Leben mit Christus führen dürfen.
Davon hören wir im Brief an die Epheser im 2.Kapitel.

Evangelium: Lukas 18,9–14

„Gott widersteht den Hochmütigen, aber den Demütigen gibt er Gnade“, heißt es im Wochenspruch. Das Evangelium gibt dazu mit dem Gleichnis vom Pharisäer und Zöllner ein Beispiel aus der Zeit Jesu.
Lukas überliefert uns im 18. Kapitel seines Evangeliums die Begegnung beider im Tempel.

12. Sonntag nach Trinitatis

AT-Lesung: Jesaja 29,17–24

Eine ganz neue Zeit wird anbrechen, sagt Jesaja, der Prophet: Die, die andere unterdrücken, die Lügen verbreiten und Unrecht tun, werden entmachtet. Die Erniedrigten aber werden sich über Gottes Güte freuen, und Gottes Name wird wieder geheiligt werden.
Wir hören davon bei Jesaja im 29. Kapitel.

Epistel: Apostelgeschichte 9,1–9(10–20)

Die große Lebenswende des Saulus beschreibt Lukas in seiner Apostelgeschichte. Aus dem leidenschaftlichen Verfolger der Gemeinde wird ein entschiedener Anhänger von Jesus Christus.
Wir hören davon im 9. Kapitel der Apostelgeschichte.

Evangelium: Markus 7,31–37

Mund und Ohren werden einem Taubstummen geöffnet. Davon erzählt das Evangelium. Wenn Jesus Christus sich Menschen zuwendet, dann können sie hören, was Gott ihnen zu sagen hat, ja dann können sie dieses anderen erzählen und in das Lob Gottes einstimmen.
Wir hören davon im 7. Kapitel des Markus-Evangeliums.

13. Sonntag nach Trinitatis

AT-Lesung: 1. Mose 4,1–16a

Es geschieht ein Mord. Kain erschlägt seinen Bruder Abel aus Zorn und Eifersucht. Damit beginnt die unendliche Geschichte von Mord und Krieg. Wird es auf ewig so weitergehen? Gott gibt ein Hoffnungszeichen. Er will selbst den Mörder vor Mord schützen.
Die alttestamentliche Lesung steht im 1. Buch Mose im 4. Kapitel.

Epistel: 1. Johannes 4,7–12

Die Liebe zum Nächsten ist das Kennzeichen christlichen Lebens. Sie ist möglich, weil Gott uns Menschen liebt.
Das hören wir in der Epistel aus dem 1. Brief des Johannes im 4. Kapitel.

Evangelium: Lukas 10, 25–37

Du sollst Gott lieben und deinen Nächsten wie dich selbst. Jesus erzählt eine Geschichte, die deutlich macht, wie sich dieses Doppelgebot der Liebe im Leben bewährt.
Das Evangelium steht im 10. Kapitel des Lukasevangeliums.

14. Sonntag nach Trinitatis

AT-Lesung: 1. Mose 28,10–19a

Jakob hat seinen Vater betrogen und so das Erbe seines Bruders an sich gebracht. Als er daraufhin vor dem Zorn seines Bruders fliehen muß, erfährt er in einem merkwürdigen Traum: Gott ist trotz allem bei mir. Er wird sogar zu einem der Stammväter des Volkes Israel. Davon erzählt die Geschichte von Jakob und der Himmelsleiter, die wir im 1. Buch Mose im 28. Kapitel finden.

Epistel: Römer 8, (12–13)14–17

Wir sind als Erben eingesetzt. Denn wir sind Kinder eines liebenden Vaters. Gottes guter Heiliger Geist läßt uns darauf vertrauen.
Das schreibt Paulus im Brief an die Römer im 8. Kapitel.

Evangelium: Lukas 17,11–19

Sie waren ausgestoßen aus der Gemeinschaft der Kinder Gottes, die Aussätzigen zur Zeit Jesu. Und wenn sie dann auch noch Samariter waren, dann kamen sie aus jüdischer Sicht als Kinder Gottes erst recht nicht in Betracht.
Aber gerade so einen macht Jesus gesund. Gerade so einen führt er zurück in die Gemeinschaft der Kinder Gottes. Und gerade so einer weiß als einziger, was er Jesus zu verdanken hat.
Davon erzählt Lukas im 17. Kapitel seines Evangeliums.

15. Sonntag nach Trinitatis

AT-Lesung: 1.Mose 2,4b–9(10–14)15

Gott sorgt für den Menschen: Er hat ihn geschaffen. Er hat ihn nicht in ein Chaos hineingesetzt, sondern ihm einen guten und schönen Lebensraum gegeben, den Garten Eden. Er soll nun die Schöpfung Gottes bebauen und bewahren.
Wir hören davon in der alttestamentlichen Lesung aus dem 1. Buch Mose.

Epistel: 1. Petrus 5,5c–11

„Alle eure Sorge werft auf ihn, denn er sorgt für euch!" Das wird einer Gemeinde gesagt, die unter Verfolgungen zu leiden hat. Sie droht zu verzweifeln. In dieser Not wird ihnen gesagt, daß Gott ihnen die Kraft geben wird, ihren Feinden nüchtern und wachsam zu begegnen.
Wir hören die Lesung aus dem 5. Kapitel des 1. Petrusbriefes.

Evangelium: Matthäus 6,25–34

In den Sorgen des Alltags brauchen wir nicht unterzugehen, denn wir können darauf vertrauen, daß Gott für uns sorgt. Diese Zusage macht uns frei, dem Ruf Jesu zu folgen.
Wir hören ihn im 5. Kapitel des Matthäusevangeliums.

16. Sonntag nach Trinitatis

AT-Lesung: Klagelieder 3,22–26.31–32

Laßt den Kopf nicht hängen, verzweifelt nicht, gebt nicht auf. Wir hören Worte aus der Bibel, die uns selbst in der größten Hoffnungslosigkeit und Verzweiflung Mut machen können.
Aus dem Alten Testaments hören wir Verse aus dem 3. Kapitel der Klagelieder.

Epistel: 2. Timotheus 1,7–10

Habt keine Angst, gebt nicht auf! Christus hat dem Tod die Macht genommen. Deshalb gibt es nichts mehr in dieser Welt, das uns wirklich und endgültig zerstören kann. Das hat der Apostel erfahren.
Davon hören wir im 2. Brief an Timotheus im 1. Kapitel.

Evangelium: Johannes 11, (2)3.17–21(41–45)

Christus hat dem Tod die Macht genommen. Aber Menschen sterben doch immer noch, so wie Lazarus, um den Maria und Martha trauern. Jesus sagt: Es sterben Menschen, und Trauer ist in der Welt. Doch der Tod ist nicht das Letzte.
Davon hören wir im 11. Kapitel des Johannesevangeliums.

17. Sonntag nach Trinitatis

AT-Lesung: Jesaja 49,1–6

Ein Prophet spricht von seiner Berufung und dem Auftrag, den Gott ihm gegeben hat. Er, der Knecht Gottes, fürchtet, vergeblich zu arbeiten. Aber Gott hält an seinem Auftrag für den Propheten fest und weitet ihn sogar aus. Nicht nur Jakob und Israel, also nicht nur das ganze Volk der Juden, sondern alle Menschen soll er zu Gott führen.
Wir hören die alttestamentliche Lesung aus dem 19. Kapitel des Jesajabuches.

Epistel: Römer 10,9–17(18)

Nur einen Herrn, einen Gott gibt es für alle Menschen. Wer an diesen Gott glaubt, wird gerettet werden.
Aber wie kommt dieser Glaube zu den Menschen in der ganzen Welt? Gott braucht Frauen und Männer, die das Evangelium, die Freudenbotschaft, überall verkündigen. Das sagt uns Paulus im 10. Kapitel des Römerbriefes.

Evangelium: Matthäus 15,21–28

Zu Jesus kommt eine Frau, die nicht zum Volk der Juden gehört, und fleht ihn verzweifelt an: Heile meine Tochter. Doch Jesus weist sie ab: Ich bin nur für die Menschen aus meinem Volk. Aber die Frau läßt nicht locker. Jesus ist verblüfft und überwältigt. Er lernt dazu und läßt sich auf Neues ein.
Das Evangelium steht im 15. Kapitel des Matthäusevangeliums.

18. Sonntag nach Trinitatis

AT-Lesung: 2. Mose 20,1–17

Aus der Sklaverei in Ägypten hat Gott sein Volk Israel befreit. Auf dem Weg zu dem Land, das er ihnen zugesagt hat, gibt er ihnen die zehn Gebote. Sie wollen helfen und zeigen, wie das Leben in der Freiheit gelingen kann.
Wir hören die zehn Gebote, wie sie im 2. Buch Mose stehen.

Epistel: Römer 14,17–19

Es gab Streit unter den Gemeindemitgliedern in Rom, ob sie sich an religiöse Speisevorschriften halten müssen oder nicht. Paulus erklärt: Darauf kommt es nicht an!
Entscheidend ist, daß der Friede, den Gott schenkt, der Maßstab für das Leben und für das Verhalten innerhalb der Gemeinde ist.
Wir hören davon im 14. Kapitel des Römerbriefes.

Evangelium: Markus 12,28–34

Die Mitte unseres Glaubens besteht darin, daß wir Gott von ganzem Herzen lieben und unsere Mitmenschen wie uns selbst.
Das hören wir im 12. Kapitel des Markusevangeliums.

19. Sonntag nach Trinitatis

AT-Lesung: 2. Mose 34,4–10

Die Israeliten waren wieder einmal halsstarrig ihre eigenen Wege gegangen und hatten um das goldene Kalb getanzt. Mose hatte daraufhin die Tafeln mit den Geboten zerschlagen. Aber dann sahen sie ihr Unrecht ein, und nun gibt Gott ihnen noch einmal eine Chance. Er will seinen Bund mit Israel erneuern.
Davon hören wir im 2. Buch Mose im 34. Kapitel.

Epistel: Epheser 4, 22–32

Wer als Christ leben will, der muß sein Leben immer wieder ändern. Wie das im einzelnen ganz konkret aussehen kann, davon hören wir im Epheserbrief im 4. Kapitel.

Evangelium: Markus 2,1–12

Wer Jesus begegnet, der begegnet Gott selber. Das haben viele Menschen erfahren, die ihr Heil bei ihm gesucht haben. Wir hören heute von einem Mann, der nur durch den unerschütterlichen Glauben seiner Freunde überhaupt zu Jesus gekommen ist. Und dort erlebte er: Jesus hat die Vollmacht, alles von mir zu nehmen, was mich seelisch und körperlich lähmt.
So finden wir es im Evangelium nach Markus im 2. Kapitel aufgeschrieben.

20. Sonntag nach Trinitatis

AT-Lesung: 1. Mose 8,18–22

Es sieht nicht gut aus mit unserem blauen Planeten. Die Umwelt ist vergiftet, das Ozonloch weitet sich aus, atomare Katastrophen drohen nach wie vor. Es sieht so aus, als würden unsere Sünden sich an uns rächen. Viele Menschen haben deshalb Angst vor der Zukunft. In dieser Situation hören wir, was Gott damals nach der großen Sintflut versprochen hat aus dem 1. Buch Mose, Kapitel 8.

Epistel: 1. Thessalonicher 4,1–8

Wenn jemand so leben will, daß es Gott gefällt, dann hat das Folgen für das private und geschäftliche Leben. So lesen wir es im 1. Brief an die Thessalonicher im 4. Kapitel.

Evangelium: Markus 10,2–9(10–16)

Ehescheidungen hat es schon immer gegeben. Manchmal geht es eben nicht anders. Aber eigentlich ist die Ehe so gedacht, daß zwei Menschen für immer eins bleiben. Und das nicht zuletzt im Hinblick auf die Kinder. Kinder vertrauen ihren Eltern bedingungslos. Darin sind sie ein Vorbild dafür, wie Erwachsene ihrem himmlischen Vater vertrauen sollen.
Wir hören von Jesu Liebe zu den Kindern und von seiner Einstellung zur Scheidung im Evangelium nach Markus im 10. Kapitel.

21. Sonntag nach Trinitatis

AT-Lesung: Jeremia 29,1.4–7.10–14

Vor rund 2600 Jahren hat der babylonische König Nebudkadnezar den Tempel in Jerusalem zerstört und die Elite des Volkes verschleppt. In dieser Situation läßt Gott den Israeliten durch den Propheten Jeremia sagen: Engagiert euch, tut das, was allen nützt. Und sucht Gott. Dann wird er euch nach Hause führen.
Davon hören wir bei Jeremia im 29. Kapitel.

Epistel: Epheser 6,10–17

Wie kann ich mich schützen vor all dem Bösen um mich herum? Und wie kann ich ihm sogar entgegentreten?
Im Epheserbrief hören wir von einer ganz besonderen Art von Rüstung im 6. Kapitel.

Evangelium: Matthäus 5,38–48

Was wir gleich hören werden, ist eine Zumutung. Wer hält schon die linke Backe hin, wenn ihm jemand auf die rechte schlägt?
Jesus hat das getan. Seine Worte und sein Leben sind immer wieder eine große Herausforderung, die uns keine Ruhe läßt.
Hören wir Worte aus der Bergpredigt, wie sie Matthäus im 5. Kapitel seines Evangeliums überliefert hat.

22. Sonntag nach Trinitatis

AT-Lesung: Micha 6,6–8

Nicht irgendwelche Opfer erwartet Gott von den Menschen, sondern daß sie „sein Wort halten, Liebe üben und demütig sind“.
Das sagt uns der Prophet Micha im 6. Kapitel.

Epistel: Philipper 1,3–11

Sogar im Gefängnis freut sich Paulus über den Glauben der Christen in Philippi und schreibt ihnen einen Brief. Darin blickt er dankbar auf die Anfänge ihres Glaubens zurück und bittet Gott, daß die Gemeinde in der Liebe noch weiter zunimmt.
Wir hören davon im 1. Kapitel des Philipperbriefes.

Evangelium: Matthäus 18,21–35

Wer Gottes Vergebung erfährt, soll sie an seine Mitmenschen weitergeben. Das zeigt uns Jesus an einem Gleichnis.
Wir lesen es bei Matthäus im 18. Kapitel.

23. Sonntag nach Trinitatis

AT-Lesung: 1. Mose 18, 20–21.22b–33

Sodom und Gomorra: Diese beiden Städte sind sprichwörtlich für Sünde, Schlechtigkeit und Verderben geworden. Deshalb hat Gott sie am Ende zerstört. So wird es im Alten Testament berichtet. Doch ehe es dazu kam, hat sich Abraham für die Stadt eingesetzt und Gott einen Handel vorgeschlagen. Und Gott läßt mit sich reden.
Die alttestamentliche Lesung steht im 1. Buch Mose im 18. Kapitel.

Epistel: Philipper 3,17 (18–19) 20–21

Da gab es Menschen in der Stadt Philippi, die meinten, mit dem Glauben an Jesus Christus schon alles erreicht zu haben. Ihr Streben war, bequem und unbehelligt zu leben. Paulus geht mit ihnen streng ins Gericht. Für ihn bedeutet, Jesus Christus nachzufolgen sich um andere Menschen zu sorgen und auch zum Leiden für Christus bereit zu sein. Das hatte er selber erfahren, so versuchte er zu leben.
Wir hören seinen Brief an die Philipper im 3. Kapitel.

Evangelium: Matthäus 22,15–22

Soll man dem Kaiser Steuern zahlen? Pharisäer versuchen, Jesus in ein Streitgespräch über Recht und Ordnung im Staat zu ziehen. Gespannt waren sie, ob sich Jesus weltlicher Ordnung unterwirft. Aber ihn interessieren diese Fragen nicht. „Gebt dem Kaiser, was ihm gehört – und Gott, was Gott gehört."
Wir hören Verse aus dem 22. Kapitel des Matthäusevangeliums.

24. Sonntag nach Trinitatis

AT-Lesung: Prediger 3,1–14

Alles, was wir Menschen auf dieser Erde tun, hat seine Zeit. Und dann ist es auch wieder vorbei. Nur, was Gott tut, das hat weder Anfang noch Ende.
Davon hören wir im Buch des Predigers im 3. Kapitel.

Epistel: Kolosser 1, (9–12)13–20

Gott hat uns errettet von der Macht der Finsternis. Dafür können wir ihm danken.
Wir hören die Epistel aus dem 1. Kapitel des Briefes an die Kolosser.

Evangelium: Matthäus 9,18–26

In den Evangelien werden uns viele Wundergeschichten erzählt. Jede dieser Geschichten will uns sagen: Gott ist in Jesus mit seiner Kraft und Hilfe schon jetzt ganz nah. Die Zeit, in der er euch an Leib und Seele ganz gesund machen will, hat schon angefangen. Fragt nicht, ob und wie das möglich ist. Vertraut einfach auf Jesus. Dann werdet ihr es selbst erfahren.
Gleich zwei solcher Heilungswunder hören wir bei Matthäus im 9. Kapitel.

Drittletzter Sonntag des Kirchenjahres

AT-Lesung: Hiob 14,1–6

Mit Hiob begegnet uns ein Mensch, den ein Schicksalsschlag nach dem andern getroffen hat. Er sieht darin die Strafe Gottes. Nun will er nur noch von Gott in Ruhe gelassen werden, damit er wenigstens im Leben noch ein bißchen Freude hat.
Im 14. Kapitel des Buches Hiob hören wir, wie er Gott anklagt.

Epistel: Römer 14,7–9

Paulus bekennt: Im Leben und Sterben gehören wir zu Gott.
Das hören wir im 14. Kapitel des Briefes an die Römer.

Evangelium: Lukas 17,20–24 (25–30)

Wann kommt das Reich Gottes, wird Jesus gefragt. Er antwortet, daß das Reich Gottes bereits unsichtbar unter uns angebrochen ist. Und er warnt davor, Unheilsverkündern nachzulaufen, die angeblich den Tag vorhersehen können, an dem das sichtbare Reich Gottes beginnt. Jesus erklärt, daß dieser Tag so unvorbereitet wie ein Blitz kommt.
Wir hören davon im 17. Kapitel des Lukasevangeliums.

Vorletzter Sonntag des Kirchenjahres

AT-Lesung: Jeremia 8,4–7

Ihr marschiert unbeirrt in die falsche Richtung, und ihr merkt es nicht einmal. Das läßt Gott durch den Propheten Jeremia ausrichten. Wir hören diese Mahnung aus alter Zeit auch als Gottes Wort an uns heute.
Die alttestamentliche Lesung steht beim Propheten Jeremia im 8. Kapitel.

Epistel: Römer 8,18–23 (24–25)

Unsere Welt, Gottes gute Schöpfung, seufzt, denn sie ist gefährdet und vergänglich, so wie wir auch. Doch wir dürfen hoffen, daß Gott uns zusammen mit seiner ganzen Schöpfung eines Tages aus der Vergänglichkeit erlösen wird.
Wir hören davon aus dem Brief an die Römer im 8. Kapitel.

Evangelium: Matthäus 25,31–46

Das heutige Evangelium stellt uns Jesus als den Weltenrichter vor Augen. Maßstab für das Gericht wird sein, was wir für einen Mitmenschen getan oder nicht getan haben. Wir sind verantwortlich für das, was wir tun und für das, was wir unterlassen.
Daran erinnert uns Matthäus im 25. Kapitel.

Buß- und Bettag

AT-Lesung: Jesaja 1,10–17

Sie beten viel, sie opfern viel, oft kommen sie zum Gottesdienst zusammen. Doch sie haben nicht gelernt, Gutes zu tun, Unterdrückten zu helfen, Recht zu schaffen. Ihr Gottesdienst ist falsch. Mit ernsten und zornigen Worten fordert Gott durch den Propheten Jesaja zur Buße, zur Umkehr, auf.
Die alttestamentliche Lesung steht beim Propheten Jesaja im 1. Kapitel.

Epistel: Römer 2,1–11

Wir sollen das Urteilen und Richten Gott überlassen. Denn Gott richtet gerecht, voller Güte, Geduld und Langmut.
Dazu fordert uns Paulus in seinem Brief an die Römer im 2. Kapitel auf.

Evangelium: Lukas 13,(1–5) 6–9

(Da hatte es eine blutige Auseinandersetzung mit Toten zwischen Galiläern und Soldaten des Pilatus gegeben. Außerdem war ein Turm in Siloah zusammengefallen und hatte achtzehn Menschen getötet. Hatten alle diese Menschen besondere Schuld, daß Gott sie so strafen mußte? Jesus weist dies entschieden zurück. Wir alle werden zur Buße aufgerufen. Denn:)*
Gott ist geduldig. Er gibt sich Mühe mit den Menschen. Das erzählt uns Lukas im 13. Kapitel seines Evangeliums.

* Wird nur gelesen, wenn auch die Verse 1–5 vorgetragen werden.

Letzter Sonntag des Kirchenjahres – Ewigkeitssonntag

AT-Lesung: Jesaja 65,17–19 (20–22) 23–25

Das Volk Israel war am Ende. Alles, woran es hing, war ihm genommen worden. In dieser trostlosen Lage malt der Prophet ein Hoffnungsbild vor ihre inneren Augen, das Bild vom neuen Himmel und von der neuen Erde. Es ist aufgezeichnet bei Jesaja im 65. Kapitel.

Epistel: Offenbarung des Johannes 21,1–7

Gott wird alle unsere Tränen abwischen. In einem wunderbaren Bild erzählt Johannes, wie es sein wird, wenn Gott alles neu macht am Ende der Zeiten.
Wir hören Verse aus dem 21. Kapitel der Offenbarung.

Evangelium: Matthäus 25,1–13

Wann kommt das Reich Gottes? Wann kommt der auferstandene Christus zurück, um sichtbar für alle sein ewiges Reich zu errichten? Diese Fragen bewegten die Christinnen und Christen in früher Zeit ganz besonders. Im Gleichnis von den zehn Jungfrauen wird uns gesagt: Beantworten kann man die Frage nicht. Aber seid klug, und bereitet euch gut vor.
Wir hören das Evangelium nach Matthäus im 25. Kapitel.

Erntedanktag

AT-Lesung: Jesaja 58,7–12

Du wirst wie ein bewässerter Garten sein! Und wie eine Wasserquelle, der es nie an Wasser fehlt. Du mußt nur freigiebig sein, hilfsbereit und gerecht.
Das verspricht der Prophet Jesaja im 58. Kapitel.

Epistel: 2. Korinther 9,6–15

Einen fröhlichen Geber hat Gott lieb. Und mehr noch: Gott macht ihn so reich, daß er immer weiter schenken kann. Paulus hat Menschen erlebt, die aus Dankbarkeit geben konnten.
Und er schreibt von dieser Gnade im 2. Brief an die Korinther im 9. Kapitel.

Evangelium: Lukas 12,(13–14)15–21

Es nützt euch nichts, wenn ihr versucht, euer Leben mit Geld abzusichern, sagt Jesus. Und das will er am Beispiel eines reichen Kornbauern klarmachen.
Wir hören aus dem 12. Kapitel des Lukasevangeliums.

Gedenktag der Entschlafenen

AT-Lesung: Daniel 12,1b–3

Alle aus Gottes Volk, die in seinem Buch stehen, werden gerettet werden.
Darauf vertraut der Prophet Daniel.
Wir hören davon im 12. Kapitel.

Epistel: 1. Korinther 15,35–38.42–44a

Wenn wir ein Weizenkorn in die Erde legen, dann bleibt nichts davon übrig. Und doch wächst etwas Neues daraus.
So ist es auch mit unseren Verstorbenen, schreibt der Apostel Paulus im 1. Brief an die Korinther im 15. Kapitel.

Evangelium: Johannes 5,24–29

Wer an Gott glaubt und auf Jesus hört, der trägt das ewige Leben schon in sich. Deshalb braucht er sich auch keine Sorgen zu machen wegen des Jüngsten Gerichtes.
So hören wir es im Johannesevangelium im 5. Kapitel.

31. Oktober – Gedenktag der Reformation

AT-Lesung: Jesaja 62,6–7.10–12

Die Israeliten sind aus der Verbannung in ihr Land zurückgekehrt. Doch geht es ihnen nicht so gut wie erwartet. Deshalb klagen sie: „Wie lange zürnst du uns noch, Gott?" Ihnen verkündet der Prophet: „Gott hat sich euch wieder zugewandt, ihr könnt neue Hoffnung schöpfen."
Im 62. Kapitel des Propheten Jesaja hören wir diese Botschaft.

Epistel: Römer 3,21–28

Mit der Reformation verbinden wir Martin Luthers befreiende Entdeckung: Der Mensch wird von Gott angenommen nicht durch seine guten Werke, sondern allein durch das Vertrauen auf Gottes Barmherzigkeit.
Grundlage dieser Entdeckung ist, was Paulus im 3. Kapitel seines Briefes an die Gemeinde in Rom schreibt.

Evangelium: Matthäus 5,1–10 (11–12)

Mit den Seligpreisungen macht Jesus Mut, sich für Gottes neue Welt einzusetzen. Die das tun, nennt er glückselig.
Bei Matthäus hören wir im 5. Kapitel: